AF370948

HSITOIRE

ADMIRABLE ET

prodigieuſe d'vn Enchanteur Italien,

Lequel fut bruſlé tout vif en la ville de Pezaro le 26. Octobre dernier, auec vn Aſne duquel il ſe ſeruoit en ſes ſortileges.

Enſemble les charmes, philtres, & compoſitions par luy faites ſur la perſonne de la Signore Alinda, pour l'émouuoir à ſon Amour.

A PARIS,

Chez IEAN DE BORDEAVLX, & IEAN MILLOT, tenant leur bouticque au Palais.

M. DC. XIV.

AVEC PERMISSION.

HISTOIRE ADMIRAble & prodigieuse d'vn Enchanteur Italien, lequel fut bruslé tout vif en la ville de Pesaro le 26. Octobre dernier, auec vn Asne duquel il se seruoit en ses sortileges.

Ombien qu'entre tous les animaux l'on n'en scauroit trouuer vn plus stupide, & plus incapable de discipline, que l'Asne, lequel semble estre par la nature produict pour le mesme opprobre, & non pour exceller en chose quelconque qu'il puisse apprendre, & que comme allegue Pline il est le plus lourd & le plus brutal de tous les animaux. Si est ce pourtant qu'on pourra remarquer en ceste histoire que l'art, le sort, les charmes, les characteres & les dæmons ont ie ne scay quelle puissance pour rendre ces brutes, comme presques pourueuës de raiſon humaine: Puiſſance neātmoins qui ne peut procedder que d'vne cauſe ſecrette & non vulgaire. Auſſi lit-on que les Enchanteurs peuuent, (par le moyen de leurs ſcienees obſcures) contraindre les animaux d'appetter, meſme ce que la nature deffend, comme pour exemple ceſt Elephant, duquel l'on tient qu'vn ſorcier voullant mal à vne ieune fille, luy imprima tellement, (par la force du diable,) le caractere de la beauté de ceſte pucelle, que ceſt animal, comme vn amant paſſionné & languiſſant, en perdit iuſque au boire, au manger, & au repos, ainſi que le teſmoigne ce docte & graue Poëte du Bartas, decriuant ſa paſſion.

- il couue en ſa poitrine,
La doux-cuiſante ardeur de la torche Cyprine,
Et ſentant d'vn bel œil la douce cruauté,
Soupire ſous le ioug d'vne humaine beauté.

De meſme auſſi l'aſne duquels i'entends parler en ceſte hiſtoire par la force des charmes d'vn enchanteur ne fut non moins paſſionné d'vne ieune fille, que ceſt Elephant, & ne produit moins de

merueille , pour ſa luxurieuſe enuie
que la vengeance de celuy qui l'eſpoin-
çonnoit en ces deſirs eſtoit cruelle &
viollente.

Beaucoup ſcauent , qu'en la Duché
d'Vrbain, la ville de Pezaro eſt l'vne
des plus agreables, tant pour eſtre ſcizé
ſur le riuage de la mer, que decorée d'vn
ſuperbe chaſteau au pied duquel paſſe
le fleuue d'Iſaurus , mais auſſi pluſieurs
ne ſcauent pas que là il y à vn fort mau-
uais air & peſtilentieux , lequel obſcur-
ciſſant l'agreable aſpect d'icelle , c'eſt ce
qui contrainct les habitans de l'abandonner la plus grande partie de l'année.

Or en ceſte cité demeuroit celuy
qui donne eſtre à ceſte funeſte hiſtoire
nommé le ſeigneur Carmenio , autant
confit en malice qu'expert en l'art de
magie, lequel aagé pour le moins de ſoi-
xante ans , deuint ſi paſſionnément a-
moureux d'vne ieune fille de la Cité,
nommée la Signore Alynda , qu'il ne
peut en façon quelconque auoir de repos, car eſtant ſon proche voiſin c'eſtoit
ce qui facillitoit plus ayſement ſa veuë,
& qui d'auantage l'embrazant de ſon a-
mour, le rendoit comme vn inſenſé, qui

fut la cauſe qu'vn iour oubliant l'inegalité de ſon aage à celuy de ceſte fille ſe
tranſporte au logis de ſon pere , & la luy
demande en mariage, luy promettant de
l'aduancer de tout ſon bien : Or comme
l'auarice à ſouuent eſté cauſe de grand
maux elle le fut encore en ceſt endroit,
car ce pere plus auaricieux, que porté au
bié de ſa fille l'acorde à ce vieillard, mais
comme cet accord eſtoit du tout deſa-
greable à ceſte belle, auſſi fut il pareille-
mét reiecté d'icelle, qui cognoiſſant tant
le naturel de ſon pere auaricieux que de
celuy qui la pourſuiuoit , ſe reſolut de
pluſtoſt mourir que condeſcendre à la
volonté de ſon pere, & comme de faict
depuis quelle ſe fut reſolue de n'en faire autre choſe elle y perſiſta de telle
ſorte qu'il fut impoſſible a pere , parens,
& amis, tant par prieres que par menaces
de luy faire changer de volonté & de
reſolution.

Cecy rapporté au ſeigneur Carmenio , bien qu'il en receuſt vn extreſme
deſplaiſir, ſi eſt-ce pourtant que du naturel du cocodrille ſimulé il feinct le
reſſentiment qu'il auoit de ce meſpris, &
diſant au pere que le temps pourroit

pluftoft la vaincre que les menaces, le
pria de n'en parler plus a fafille,qui pour
fõ particullier il luy fcauoit autãt de gré
& luy auoit autant d'obligatiõ que fi fõ
defir luy euft efté octroyé, mais las fes
parolles du tout feintes & fimulees fu-
rẽt en peu d'heure conuerties en menaces, car ce malheureux abandonnant les
flammes de Cupidon pour s'efchauffer
de celles de la vengeance, changeant
dis-ie fon extrefme affection en vne
haine nom pareille determina, de fe
vanger de cefte pauure fille & de la mo-
lefter iufques au trefpas.

   Tellement que tout maniaque & fu-
rieux, ce miferable en qui les demons ha-
bitoient contrefaict vne petite image de
cire approchãte au plus pres à la reffem-
blance de cefte fille, fait au milieu de fa
chambre vn cerne dans lequel apres a-
uoir fait fes imprecations accouftumees
coniure l'efprit de fornication de le feruir en fa neceffité, enflammer cefte pauure fille d'vn defir de Luxure enuers vn
Afne qui eftoit au logis de fon pere, &
non contant de cela fort de fon logis
s'en va hors la ville au milieu d'vn pré,
tenant en fa main gauche vne fauffille

d’airain, apres auoir attendu que la nuict
euſt voilé le iour de ſon obſcur bandeau
coupé de la Panacee, de la mandragore,
& de l’helebore, & de ceſte autre herbe
que nos Druides Gaulois appelloient
Seuolon, que nous pouuons appeller
maintenant Saunier, reuint auec ces
herbes tout forcené en ſõ logis ou il fait
auſſi toſt vne certaine mixtion compo-
ſée d’autres drogues conuenantes à ſon
pernicieux deſſein, comme des lames de
plomp fondu, & du parchemin vierge,
puis mettant le tout en vne phiole, la
reſerue en ſõ cabinet iuſques à ce que la
commodité ſe preſentaſt d’effectuer
ſon deſir.

Or durant toutes ces menées ceſte
pauure fille deuint ſi maigre, ſi paſle, & ſi
defiguree que l’on l’euſt pluſtoſt priſe
pour quelque phantoſme, ou quelque
corps anatomiſé, que pour creature vi-
uante, auſſi n’ayant de vie que ce qu’vne
miſerable langueur luy conſeruoit, elle
auoit perdu l’vſage du boire & du manger & du repos, tous remedes que l’on
pouuoit inuenter eſtoient inutils à ſa
gueriſon, les ſucs, les decoctions, les eſ-
fences

fences n'amoindriſſoient ſa douleur, &
les ſincopes luy eſtoient ſi familieres que
cent fois le iour l'on croioit qu'elle
d'euſt abandonner ſa vie entre les bras
de la mort, la voyant fondre peu a peu
comme les neiges des thratiennes mon-
tagnes a l'approche de l'ardeur de la
Canicule.

Son pere deſeſperé de ſa ſanté & ne
ſcachant plus quel remede prendre pour
ſa gueriſon fut vn iour conſeillé par vn
ſien amy de prier le Signor Carmenio,
que l'on tenoit tres-expert & qui iuſque
là ne c'eſtoit voullu meſler de la maladie
de ceſte pauure fille luy donner s'il
pouuoit quelque remede à ſa douleur ſoubs promeſſe que ſi elle pouuoit
reuenir en conualeſcence on la feroit
condeſcendre à ce qu'il deſiroit. Et ce
fut par ceſte promeſſe que ce lubrique
r'aminé de ſon amour, recherche par-
my l'obſcurité de ſes ſciences, les plus
rares ſecrets d'icelles & qui luy feit
donner vn philtre auec ceſte com-
poſition precedente qu'il comman-
da à ſon pere de luy faire aualer &
que quelques iours apres l'on verroit
ſon effect, mais las il euſt bien mieux va-

lu que ceſte miſerable fille euſt eſté
toufiours detenue en pareil eſtat, car elle n'auroit encouru la honte l'opprobre
& l'infamie qui du depuis obſcurciçſeſ
les rayons de ſa pudicité. Elle n'euſt dõc
ſi toſt pris ce deteſtable breuuage qu'a-
pres on luy veit peu à peu reprendre a-
uec ſes ſens & ſes eſprits vne parfaicte
ſanté non ſans-le grand eſtonnement du
pere des parens & de quelques vns de la
cité qui deſlors iugerent qu'il y auoit de
la malice aux compoſitions du Signor
Carmenio & qu'il ſcauoit blecer & gue-
rir ainſi que ceſte lance d'Achille.

L'amour qui veut ordinairement iouer
ſõ roolle ſur le theatre des pauures amãs
& qui meſpriſeroit la tragedie ſi luy
meſme n'y paroiſſoit equippé des armes
de ſa cruauté maiſtriſoit tellement ce
vieil bouquin de luxure qu'il ne luy dõ-
noit non plus de repos qu'en reçoiuent
là bas ceſt Ixion & ce Tantale, car bou-
relé & becqueté en l'ame comme ce
Promethée il n'a de contentement qu'é
l'imagination de ceſte fille, qu'il rede-
mande peu à peu apres la gueriſon, &
qu'il luy fut auſſi par le pere facille-
ment accordée comme elle auoit eſté

la premiere fois, mais comme ceste promesse n'estoit que du pere & non de la
fille aussi fut elle aussi peu effectuée que
promptement elle auoit esté accordée,
car ceste ieune fille plus resolue que au-
parauant de mespriser ce vieillard reiecte
ouuertement ceste poursuitte propose
à son pere la perte de sa vie en l'effect d'i-
celle adioustant les pleurs & les prieres.

Ce fut lors que l'amour paternel
maistrisant l'auarice qui possedoit du
tout ce pere, le fait resoudre de con-
tenter en cela sa fille, de ne luy en parler
plus & de luy promettre qu'il ne seroit
iamais rien faict de ce mariage, à quelle resolution & promesse il fist à l'instant
scauoir au Seigneur Carmenio auec les
complimens de l'honneur de sa recherche le prie de ny plus songer & de regar-
der en quoy il iugeroit son seruice agreable soit à la disposition de sa vie ou de
ces biens.

Ce malheureux Viellard qui comme
i'ay dit, scauoit aussi bien dissimuler
que pratiquer l'effect de ces charmes
fait paroistre à ce pere qu'à la verité il
auoit bien quelques ressentiment de
douleur, mais puisque nul n'est obligé

à l'impossible & qu'il auoit faict ce qui estoit de son pouuoir, il luy en scauoit autant de gré comme il auoit de regret de n'auoir peu entrer en son alliance ce pere qui croioit estre deliuré de l'importunité de ceste poursuitte le rapporte à la fille, qui contente au possible protesta deslors de ne s'asubiectir iamais soubs le iouc de l'himen,

Mais las peu luy dura ceste pudique enuie, car ce malheureux Magicien reprenant les erres de son pernicieux dessein, consulte de nouueau & coniure auec ses demons la perte de ceste pauure fille en ceste sorte.

En la maison du seigneur Fulgose (ainsi s'appelloit le pere de ceste fille) il y auoit vn asne qui seruit de ministre à la rage, à la fureur & au desespoir de ce miserable Carmenio, qui par lemoyen de son demon de luxure enflamma tellement le cœur de ceste pauure fille d'vn impudique & brutal amour qu'esperdument amoureuse de cest asne, & cest asne si passionnement amoureux, d'elle que l'vn sans l'autre ils ne pouuoient receuoir selon leur qualité aucun contentement, ceste pauure fille ne se

plaiſant qu'en la compagnie de ſon aſne
imitoit en cela ceſte Reine de Crete qui
ne pouuoit durer vn moment priuée
de la veue de ſon torreau, auſſi de meſme
ceſte fille , touſiours elle careſſoit mi-
gnardoit ceſt aſne, l'acollant comme
ſi ſceuſt eſté quelque ieune amant, di-
gne de la iouyſſance de ſa beauté, & ce
lourd animal ſe rendoit ſi complaiſant
par la force du ſort qu'il ſembloit qu'il
euſt eſté inſtruit aux exercices d'amour,
tellement que ceſte ieune fille qui aupa-
rauant ce malheur , auoit eſté ſi cu-
rieuſe de la garde de ſa chaſteté quelle
n'auoit ſeullement voulu ſubir les loix
de mariage eſtoit pour lors ſi impudique
que la difference & l'inegalité du ſexe
& de la nature ne l'empeſchoient de ce
conioindre auec ce brutal animal.

Mais las comme ce difforme accou-
plement trop commun & familier entre
eux ne pouuoit ſubſiſter longuement,
vn iour le ſeigneur Fulgoſe ſans y penſer
en fut luy meſme le ſpectateur, & a lors
remply autant d'eſtonnement que de
colere & en vn moment priué de ſens
& de raiſon reſta quelque temps immo-
mobile côme ceux qui antiénemét voi-

oient le chef de la Meduze, mais en fin
r'entrant en foy, & confiderant l'enor-
mité du faict craignant que la iuftice du
tout-puiffant ne tombaft fur fon chef
s'il retenoit la iuftice de ceft acte fi a-
bominable, c'eft ce qui le fift refoudre
à des extremitez, peu conuenables à l'a-
mitié paternelle, car voullant luy mefme
feruir de bourreau à celle qui fe profti-
tuoit ainfi malheureufement d'vn poi-
gnard qui portoit à fa ceinture luy voulut ouurir l'eftomac, pour de fon fang
purger vn fi deteftable peché. Mais
retenu de quelques fiens feruiteurs il
differe cefte execution, & porté comme
d'vn defefpoir faict luy mefme aduertir
la iuftice de ce fait, qui en ayant eu en-
tiere cognoiffance & le tout aueré par
arreft donné le 16. Octobre dernier, cefte miferable & le brutal animal furent
referuez aux flammes.

Or comme la iuftice de Dieu eft fi
grande qu'elle ne laiffe iamais vn feul cri-
me impuni, vous diriez que ce mal'heu-
reux enchanteur feuft pouffé par fa pro-
pre confcience de venir reueler ce qui e-
ftoit caché, car incontinent l'arreft pro-
noncé contre cefte miferable fille, ce

perfide & cruel charmeur vient trouuer
ceste pauure patiente qui n'auoit enco-
res apprehendé le supplice de la mort, &
la consolant luy demanda si elle vouloit
condescendre a sa volonté qui luy feroit euiter ce tourment qu'il luy estoit
preparé, & qu'il auoit des moyens de la
rendre en plaine liberté, bien qu'elle
fust lors estroitement arrestee, mais elle
qui desia touchee de repentir au lieu de
receuoir en bonne part les parrolles de
ce malheureux, comme beaucoup eus-
se peu faire en telle necessité, se represé-
tant comme son peché ne luy seroit par-
donné là haut s'il n'estoit purgé icy bas,
sauté comme vne furieuse, & de l'hu-
meur de ces bacchantes qui assassinerét
Orphee, voulut defigurer ce miserable
Vieillard & le paier du sallaire deub à la
cruauté, mais les assistans l'en empes-
chant se saisirent de la personne de ce
cruel, & le liurerent entre les mains de
la iustice, à laquelle il confessa plus que
l'on ne luy demandoit, dit que scauoit
esté par ses charmes par ses imprecations
& par ses coniurations qu'il auoit contrainct ceste pauure fille d'effectuer vna
si luxurieuse enuie, dist que l'amour & la

hayne luy auoit fait commettre vne telle meſchanceté, confeſſa d'auantage côme il s'eſtoit addonné des ſa ieuneſſe à la
magie & ſortilege & côme il auoit cô-
mis pluſieurs actes horribles & deteſta-
bles deſquels il demandoit pardon à
Dieu, aux Princes, & à la Iuſtice, & ſup-
plioit la clemence du tout-puiſſant de
conioindre à ſa repentence ſa miſericor-
de. Bref apres ceſte confeſſion & ceſte
repentance le ſuplice deſtiné à ceſte pauure fille, fut reſerué a ce magicien qui
auec cet aſne endura les flames d'icy bas
pour le purger & l'exempter de celles
dēues apres ſa mort a ſes demerites, & la
Iuſtice ayant exactement eſgard à l'ino-
cence de l a fille & comme elle auoit eſté
contrainete de ceder a la violence du
ſort reformant ſon arreſt ordonna qu'elle paſſeroit le reſte de ſes iours en ſolitu-
de, & releguee dans vn Monaſtere, elle
rendroit ſans ceſſe grace à Dieu de la de-
liurance de ſon corps deſtiné aux flames
& de ſa Renommee, laquelle ſans doute
eut eſté ſouillee d'vne ſi vilaine tache
que le têps qu'on dit miner toutes cho-
ſes, ne l'eut iamais peu effacer de la me-
moire des humains.

F I N.